DOROTHEE BERTSCHMANN

Frau W. diskutiert mit Jesus

Geschichten über Gott und die Welt

Illustriert von Heiner Schubert

T V Z

Dorothee Bertschmann

Frau W. diskutiert mit Jesus

Geschichten über Gott und die Welt

Illustriert von Heiner Schubert

T V Z

Theologischer Verlag Zürich

Bibliografische Informationen der Deutschen Nationalbibliothek
Die Deutsche Nationalbibliothek verzeichnet diese Publikation in der
Deutschen Nationalbibliografie; detaillierte bibliografische Daten sind
im Internet über http://dnb.d-nb.de abrufbar.

Umschlaggestaltung, Satz und Layout
Mario Moths, Marl

Druck
ROSCH-BUCH GmbH, Scheßlitz

ISBN 978-3-290-17622-8
© 2012 Theologischer Verlag Zürich
www.tvz-verlag.ch

Von 2003 bis 2007 war ich Pfarrerin im emmentalischen Sumiswald.

Mit anderen Pfarrpersonen hatte ich die Möglichkeit für zwei Regionalzeitungen, den «Unter Emmentaler» und die «Langnauer Wochenzeitung» kurze Beiträge aus christlicher Sicht zu verfassen. Diese Aufgabe nahm ich sehr gerne wahr. Es war eine Herausforderung, kurz und prägnant zu schreiben. Und es war spannend, für ein gemischtes und weitgehend unbekanntes Publikum zu schreiben. Wie viel Glaubenswissen konnte ich voraussetzen? Würden die Beiträge von einem treuen Mitglied einer evangelischen Gemeinschaft gelesen werden oder von einer alternativen Agnostikerin?

Ich ging davon aus, dass es wohl doch vor allem kirchlich interessierte Menschen waren, die diese Kolumne regelmässig lasen. Ihnen wollte ich etwas Ermutigendes, Vertiefendes zukommen lassen. Gleichzeitig behielt ich die Hoffnung, dass eben doch auch ein kirchenfremder Landwirt oder eine esoterisch angehauchte Geschäftsfrau meine Texte lesen würden. Sie wollte ich gern auch abholen und weder überfordern noch anpredigen. Und ob kirchlich beheimatet oder meilenweit vom Christentum entfernt: Ich wollte auf keinen Fall langweilen!

So stellte ich mir die Aufgabe, unterhaltsame Texte mit Tiefgang zu schreiben, die einen geistlichen Impuls gaben und sich loser oder enger auf einen Bibeltext bezogen. Bald war Frau W. als Kunstfigur geboren, eine im besten Sinn durchschnittliche Person, die sich so ihre Gedanken macht über Gott und die Welt. Dann und wann bekam ich positive und dankbare Echos auf die Texte. Dadurch reifte in mir der Gedanke, einige ausgewählte Texte zu veröffentlichen. Bei einem Besuch der Communauté Don Camillo Montmirail kam mir die Idee, den dort lebenden Zeichner Heiner Schubert anzufragen, ob er die Texte illustrieren würde. Zu meiner Freude nahm er die Idee gern auf. Inzwischen hatte ich mich für ein Doktorat in England niedergelassen und schrieb weiterhin Geschichten. Frau W.

behielt einen Ehrenplatz, einige Geschichten passten weniger in dieses Schema. Sie bringen meine Wahrnehmungen und Beobachtungen auf andere Weise zum Ausdruck. Gleichzeitig entstanden die Zeichnungen, mal Illustrationen, mal weiterführende Interpretationen der Texte. Ich schätzte die Teamarbeit in dieser letzten Phase, als Heiner Schubert kritisch-wohlwollende Rückmeldungen auf meine Geschichten gab und ich auf seine Bilder.

Dass aus unserer Zeichnungs- und Schreibwerkstatt nun dieses Buch hervorgegangen ist, freut uns sehr. Wir hoffen, dass es Freude macht, zum Denken und Glauben anregt, zum Lachen bringt und Vertrauen weckt.

Durham, Februar 2012,
Dorothee Bertschmann

INHALT

Montag, 27. Januar

Frau W. hat ihren Ring verloren. Nein, nicht den Ehering, aber den schmalen silbernen mit dem rubinroten Stein. Den hat sie noch von ihrer Mutter. Ob er viel wert ist? Das weiss sie nicht so genau. Für sie jedenfalls ist er etwas wert! Sie mag ihn – er gehört zu ihr, der schmale Silberne. Das heisst: Er gehörte zu ihr. Denn er ist weg. Aber Geduld, sagt sich Frau W., den haben wir gleich wieder.

Dienstag, 28. Januar

Der Ring ist spurlos verschwunden. Frau W. schaut auf der Kommode im Flur nach. Sie guckt unter das Bett, wirft einen Blick auf den Spülkasten und unter die Garderobe. Kein Ring. Frau W. versucht zu rekonstruieren, wo sie gestern war. Sie fragt in der Metzgerei, in der Kleiderabteilung des Warenhauses und beim Arzt, ob vielleicht …? Nein, leider hat niemand den Ring gesehen. Aber man wird die Augen offenhalten. Frau W. dankt und spürt eine leichte Welle von Panik in sich aufsteigen. Aber Geduld, es gibt noch so viele Orte, wo ein kleiner Ring sich verstecken kann.

Mittwoch, 29. Januar

Frau W. schüttelt den Teppich aus, räumt den Kleiderschrank aus und ein und rutscht auf den Knien durchs Wohnzimmer. Sie leuchtet mit der Taschenlampe hinter das Schuhschränkchen, leert ihre drei Handtaschen aus und öffnet sogar den Siphon in der Küche. Kein Ring.

Donnerstag, 30. Januar

Eine weitere Suchaktion findet statt, in deren Verlauf Frau W. den Handarbeitskorb durchwühlt, alle Schubladen in der Küche aufreisst und sämtliche Manteltaschen umdreht. Frau W. erzählt zwei Freundinnen am Telefon, dass ihr liebster, unersetzbarer Rubinring verschollen ist. Sie ist den Tränen nah.

Freitag, 31. Januar

Beim Abendessen sagt Frau W.s Mann: «Jetzt lass es aber gut sein. Wenn ich denke, wie viele Schmuckstücke du noch hast in deinen hundert Kästchen.» Frau W. schreit und weint und knallt die Tür zu. Herr W. merkt, dass er etwas Falsches gesagt hat.

Samstag, 1. Februar

Die Polizei weiss nichts von einem Ring, der aussieht wie der von Frau W.

Frau W. merkt, wie nahe daran sie ist aufzugeben.

Sonntag, 2. Februar

Der Ring ist wieder da! Er liegt in der Fruchtschale zwischen einer Banane und zwei Orangen. Keiner weiss, wie er ausgerechnet dorthin gekommen ist. Frau W. stösst einen Freudenschrei aus beim Anblick des kleinen roten Steins. Sie lacht und weint vor Freude. Frau W. ruft vier Freundinnen an und erzählt ihnen, dass ihr Ring gefunden wurde. Herr W. bekommt einen Kuss.

Montag, 3. Februar

Frau W. backt einen Kuchen und kauft eine Flasche Champagner, sechs Lachsbrötchen und eine Schachtel Pralinen. Sie erzählt dem Metzger, dem Arzt, der Abteilungsleiterin im Warenhaus und allen, die ihr über den Weg laufen, dass ihr Ring gefunden worden ist. Sie sagt das Fitnesstraining ab und feiert stattdessen mit fünf Freundinnen eine fröhliche Party. Denn ihr Ring ist wieder da!

So ähnlich erzählt es Jesus im Lukasevangelium im 15. Kapitel. Und fügt hinzu: «Stellt euch vor, wie sehr sich diese Frau freut, wenn sie findet, was sie verloren glaubte. Und genauso freuen sich die Engel und der ganze Himmel, wenn ein einziger Mensch zu Gott umkehrt, der nichts mehr von ihm wissen wollte.» – oder vielleicht sogar noch mehr, ist man geneigt zu denken ...

Oder welche Frau, die zehn Drachmen besitzt und eine davon verloren hat, zündet nicht ein Licht an, kehrt das Haus und sucht eifrig, bis sie sie findet? Und wenn sie sie gefunden hat, ruft sie ihre Freundinnen und Nachbarinnen zusammen und sagt: Freut euch mit mir, denn ich habe die Drachme gefunden, die ich verloren hatte. So, sage ich euch, wird man sich freuen im Beisein der Engel Gottes über einen Sünder, der umkehrt.
Jesus in Lukas 15,8–10

FRAU W. HAT EIN VORURTEIL

Ach ja, denkt Frau W. Die Schwiegereltern und die Nachbarn kann man sich nun mal nicht aussuchen ... Der Nachbar von unten links, Eugen Motzle (der Name ist Programm!) hat gestern grämlich auf die Vase mit den blühenden Zweigen vor ihrer Wohnungstür geschaut und gesagt: «Ich gehe davon aus, Frau W., dass Sie die abgefallenen Blüten selber zusammenkehren. Dies kann unmöglich die Aufgabe des Hausmeisters sein.»

Es ist auch fast unmöglich, es Motzle recht zu machen. Ständig findet er ein Haar in der Suppe. Oder besser gesagt: eine Textilfaser in der Waschmaschine, einen Fussabdruck im Treppenhaus. Die Haustür, die eine Sekunde zu lang offen steht («Wir heizen, Frau W.!»)

Frau W. will ja nicht so sein, er hatte offenbar eine schwere Kindheit, aber dieser Mensch ist ein richtiger Griesgram. Vis-à-vis wohnen Karanovics, oder wie auch immer man das ausspricht. Nette Leute so weit, aber unglaublich laut. Sie ist ja gar nicht etwa rassistisch, aber Schweizer würden den Fernsehapparat nie so laut aufdrehen, denkt Frau W. Und die Kinder dürfen einfach alles, tragen zu nichts Sorge. Heute scheint eines Geburtstag zu haben. Kreischend und lachend hopst ein halbes Dutzend Kinder im Treppenhaus herum, sie sind wie Indianer bemalt und haben klebrige Kuchenreste im Gesicht und an den Händen. Frau W. schleppt mit missbilligenden Blicken ihre Taschen mit dem Wocheneinkauf die Treppe hoch. Sie sieht sofort, dass ihre kostbare Vase mit den Zweigen nicht mehr da ist. Frau W. reicht's! Bestimmt ist eines der Kinder in die Vase gerannt, die Mama hat schnell die Scherben weggeräumt, und dann will es wieder niemand gewesen sein. Ist der Motzle eigentlich auch da? Der sollte diesem wilden Treiben mal einen Riegel vorschieben! Da steht er, der Eugen, hat die Hände in den Hosentaschen und schaut mit breitem Lächeln den Kindern zu: «Ist das nicht schön, wie die Kinder spielen können», sagt er zu Frau W. Frau W. ist einigermassen verblüfft. Herr Motzle hat eine weiche, freundliche Seite? Das wusste sie nicht. Oder wollte sie es einfach nicht sehen?

Es ist Abend. Ruhe ist eingekehrt. Es klingelt an Frau W.s Tür und die Nachbarin Ifeta Karanovic steht etwas verlegen da, die Vase mit den Zweigen in der Hand. «Sie nicht da sein, Frau W., da habe ich Blumen zu mir genommen, damit Kinder nicht kaputtmachen», erklärt sie. Sie streckt Frau W. einen Teller mit Süssigkeiten entgegen und fragt: «Sie wollen?»

Später sitzt Frau W. etwas beschämt in ihrer Wohnung und denkt nach. Herr Motzle ist freundlich, Frau Karanovic sorgfältig. Ganz entgegen ihrem Vorurteil. Vorurteile sind Vor-Verurteilungen, denkt Frau W. Von Anfang an legt man seine Mitmenschen auf ein Bild fest, nimmt gezielt nur das wahr, was dazu passt. Hat nicht Jesus einmal gesagt, man solle seinem Nächsten nicht sieben-, sondern siebenundsiebzigmal vergeben? Vergeben, sinniert Frau W., das heisst doch auch reinen Tisch machen, von vorn anfangen. Dem anderen die Chance geben, anders zu sein als gestern, anders als vor zehn Minuten. Dem anderen Gutes zutrauen, ihm Freiraum geben.

Als Frau W. so weit ist in ihren tiefsinnigen Gedanken plärrt vis-à-vis in voller Lautstärke der Fernseher los. Sie muss lachen. Vorurteile sind darum so hartnäckig, weil sie oft etwas Wahres haben und sie immer wieder neue Nahrung erhalten, denkt sie. Trotzdem will auch sie dranbleiben mit dem Siebenundsiebzigmal und so – mit Gottes Hilfe und einer Prise Humor!

Dann trat Petrus zu Jesus und sagte: Herr, wie oft kann mein Bruder an mir schuldig werden, und ich muss ihm vergeben? Bis zu siebenmal? Jesus sagt zu ihm: Ich sage dir, nicht bis zu siebenmal, sondern bis zu siebenundsiebzigmal.
Matthäus 18,21 und 22

ZUGFAHRT

Die Regionalbahn ist fast leer und hält an jedem Ort. Frau W. ist froh, dass sie heute früh Feierabend machen konnte im Geschäft. Eine Gruppe Jugendlicher fährt mit. Die Schule ist aus und nun wird noch etwas Dampf abgelassen. Am lautesten ist Blerim, der ein Abteil für sich allein besetzt hat und die anderen mit seinen Sprüchen unterhält. Nebenan sitzen Andy und Simon und ihnen gegenüber der etwas kleinere Marco – jedenfalls sind das die Namen, die Frau W. ihnen im Stillen gibt. «Du warst ja voll eine Niete heute im Fussball», stichelt Andy in Blerims Richtung, sofort bereitwillig unterstützt von Simon. «Halt' die Fresse», schreit Blerim überlaut, springt auf, ballt die Fäuste und lässt sich wieder auf seinen Sitz fallen, zappelig und hyperaktiv. Die anderen drei lachen. Dass Marco mitlacht, scheint Blerim zu missfallen. «Du bist ja sowieso nur ein kleiner Streber», ruft er zum anderen Abteil hinüber. Plötzlich dreht der Wind, Marco wird zur bevorzugten Zielscheibe. «Hey, was ist denn das für eine Jacke, die hattest du ja schon letztes Jahr an!», meint Andy verächtlich. Hämisches Gelächter. Marco entgegnet etwas, was Frau W. nicht versteht. Sie ist etwas besorgt – muss sie eingreifen? Zwischen den Sitzbänken hindurch erspäht sie Marco, er lächelt verlegen und drückt sich in die Abteilecke. Der Zugbegleiter verkündet den nächsten Halt. Frau W. steigt aus. Für Marco ist die Reise noch nicht zu Ende. Frau W. tut er leid. Ob er das jeden Tag mitmachen muss, dieses Spielchen, bei dem er am Ende der Prügelknabe ist? Ob er jeden Tag Angst hat vor der Zugfahrt? Und der

überdrehte Blerim – packt er sein Leben? Wird Simon ein feiger Mitläufer ohne Rückgrat?

Ach komm, ruft Frau W. sich etwas beschämt zur Raison. Ihre Fantasie scheint wieder einmal völlig mit ihr durchzugehen. Vielleicht ist ja alles halb so wild und in ein paar Jahren sitzen die Jungs vergnügt bei einem Bier zusammen und lachen über die Zugfahrten von damals.

Harmlose Raufereien oder gemeines Aufeinander-Einhacken? Von aussen ist es schwer zu beurteilen, denkt Frau W.

Aber Frau W. bittet den, der die Menschen nach seinem Bild geschaffen hat und der ein Menschenkind wurde, sie bittet ihn, dass die täglichen Zugfahrten der Menschwerdung von Andy, Simon, Blerim und Marco dienen.

Und Gott schuf den Menschen als sein Bild, als Bild Gottes schuf er ihn.
  1. Mose 1,27

Frau W. gleitet in einem Boot über einen stillen See. Sie sieht im klaren Wasser Regenbogenfische. Bis auf den Grund. Die morgenkühle Luft kräuselt sich wie Seidenpapier. Das Boot treibt unter den hängenden Armen einer Weide, durch schwankende Vorhänge, die sich öffnen und schliessen. Auf dem Wasser leuchten Lichtglanzflecken der aufgehenden Sonne. Das Boot schaukelt hin und her, als es in eine Strömung gerät. Schneller und schneller wird es, bis es schliesslich zwischen hohen Felsen dahinschiesst wie ein durchgebranntes Pferd. Frau W. hält den Atem an und schliesst die Augen. Ihr Herz schlägt laut und hüpft vor Freude. Einen tosenden Wasserfall hinunter geht die Fahrt. Silberne Gischt schäumt auf, zerstäubt im Wind. Die Zeit steht still im jauchzenden freien Fall.

Frau W. geht über moosigen Waldboden. Regenfäden tropfen von den Bäumen. Still und verhüllt ist alles im Dämmerlicht. Der Wald atmet fast unhörbar. In einer Höhle wachsen samtene Blumen in dunklen traurigen Farben. Jede ist anders und eine schöner als die andere. Es riecht nach Rosen und Lilien, nach Erde und Harz. Dunkelrot und goldbraun. Frau W. hat solches Heimweh, dass sie nur noch weinen möchte. Oder ist sie gerade zu Hause angekommen? Sie verneigt sich langsam und tief, bevor sie sich auf einem Baumstumpf niederlässt.

Frau W. springt leichtfüssig über eine Frühlingswiese. Wie ein Zicklein. Ein Kind lässt Drachen mit farbigen Maschen am Schweif steigen. Frau W. springt höher und höher, das weiche Gras federt sie zum Himmel hoch. Frau W.

breitet die Arme aus und merkt, dass die blaue, zarte Luft sie trägt. Denn sie ist selbst auf einmal ganz feingesponnen, wie ein Seidenband. Sie gleitet und schwebt unter den Wolken. Sie fliegt mit den Vögeln. Unter ihr dehnen sich Berge und Flüsse und Äcker und kleine Städte. Unendlich weit. Kleine Menschen gehen umher, arbeiten, lieben, tragen etwas herum. Ein Kinderspiel, solange der Tag währt. Bis lange Schatten die Felder und Äcker zeichnen. Die schräg einfallende Sonne hüllt die Welt in schimmernden Staub. Frau W. breitet die Arme aus. Wie für einen Abendsegen.

Frau W. seufzt tief auf und schaltet den CD-Player aus. Und dankt Gott. Dankt Gott für die Musik.

Wache auf, meine Seele.
Wacht auf, Harfe und Leier,
ich will das Morgenrot wecken.
Ich will dich preisen unter den Völkern, Herr,
will dir singen unter den Nationen.
Psalm 57,9 und 10

DANKEN UND KLAGEN

Karl Rotenbühler gehört zu den Menschen in unserem Land, die ab und zu beten. Nicht in der Kirche oder so ganz offen, mehr zu Hause im stillen Kämmerlein. Wenn der Autoschlüssel einfach nicht mehr auffindbar ist, sendet Herr Rotenbühler schon mal ein Stossgebet zum Himmel. Vor dem Ausfüllen des Lottoscheines bittet er manchmal den lieben Gott um einen guten Tipp. Und als seine Annemarie letztes Jahr diese schwere Krankheit hatte, o ja, da hat er gebetet, der Karl. Er war ja so glücklich, als er sie wieder aus dem Krankenhaus nach Hause holen konnte. «Schon unglaublich, was die Medizin heute alles kann», sagte er damals.

Letzthin organisierte er zum achtzehnten Mal das Sommerfest für die Wackersweier Bläservereine. Bei schönstem Wetter gingen Konzert, Tombola und Festwirtschaft über die Bühne. «Wir haben einfach immer Glück», meinte Rotenbühler, der mit der Sonne um die Wette strahlte. Ja, Glück muss der Mensch haben. Da war ihm doch letzthin auf einer Kreuzung so ein Trottel fast seitwärts ins Auto gefahren. Das hätte übel ausgehen können. Herr Rotenbühler hatte seiner Anspannung mit lautem Fluchen Luft gemacht.

Herr Rotenbühler ist ein Mensch, der ab und zu betet. Nur etwas ist ihm noch kaum je in den Sinn gekommen: dass er Gott für etwas danken könnte.

Ganz anders Ida von Grünigen. Sie ist von Kind an unterwiesen worden, dass nichts selbstverständlich ist. Es ist ihr bewusst, wie gut sie es hat in vielem. Und so hat sie sich Dankbarkeit angewöhnt: Sie dankt Gott für das Essen auf

Ich habe die Nase voll!
Wenn Du so weiter machst,
siehst Du mich nie wieder!

dem Tisch, für das Dach über dem Kopf, für ein liebes Wort der Nachbarin und kleine Freuden im Alltag.

Sie dankt Gott auch in schweren Situationen: Als ihr Mann vor zwei Jahren ganz unerwartet starb, stand sie tapfer auf dem Friedhof: «Es ist ihm ja gut gegangen», sagte sie. Als der Pfarrer sie im Krankenhaus besuchte, als sie kürzlich die schmerzhaften Gallensteine hatte, lächelte sie. Sie dürfe nicht klagen. Andere hatten da viel Schwereres zu tragen. Nachts, wenn sie nicht schlafen kann, starrt sie ins Dunkel des Zimmers und schluckt ihre Tränen hinunter.

Ida von Grünigen ist ein dankbarer Mensch. Nur etwas ist ihr noch kaum je in den Sinn gekommen: dass sie Gott offen ihr Leid klagen könnte.

In der Bibel, besonders im Buch der Psalmen, gehört aber beides zusammen: Klagen und Loben, Danken und Bitten. Der Dank an Gott bringt unsere Freude zum Leuchten und macht sie nachhaltig. Ohne das Gotteslob versinken wir in unseren Problemen und Nöten. Ohne das ehrliche Klagen vor Gott hingegen wird unser Dank zu einer hölzernen Pflichtübung. Wir erstarren innerlich. Beides, Danken und Klagen, ehrt Gott. Beides, Danken und Klagen, gehört zu einer Gottesbeziehung, die uns lebendig erhält.

Fühlen Sie sich eher Herrn Rotenbühler oder Frau von Grünigen verwandt? Mir scheint, beide hätten noch eine Menge zu entdecken.

Sorgt euch um nichts, sondern lasst in allen Lagen eure Bitten durch Gebet und Fürbitte mit Danksagung vor Gott laut werden.
Paulus in Philipper 4,6

VOM SEGEN DES FLUCHENS

Will ist ein eitler, selbstverliebter Frauenheld Mitte 30, der von dem von seinem Vater ererbten Vermögen lebt, möglichst viel Spass haben will und sich um die Nöte seiner Mitmenschen nicht allzu sehr schert. Marcus ist ein verträumter und mittelmässiger Schüler, der auf dem Pausenplatz gehänselt wird, allein mit seiner schillernd-schrägen Mutter zusammenlebt und unter ihren Depressionen leidet. Alles etwas dick aufgetragen, werden Sie vielleicht einwenden. Trotzdem gefällt mir an «About a Boy» (2002, dir. Chris und Paul Weitz, nach dem gleichnamigen Buch von Nick Hornby, 1998) wie die denkbar verschiedensten Personen Marcus und Will langsam Freunde werden.

Eines Tages findet Marcus nach der Schule seine Mutter auf dem Sofa, vollgepumpt mit Medikamenten, neben ihr der Abschiedsbrief. Die Mutter überlebt, aber Marcus ist allein mit seinen Albträumen. Die Erwachsenen in seinem Umfeld versuchen, den Vorfall herunterzuspielen, versichern tröstend, dass alles gut würde und seine Mutter ihn in Wahrheit von Herzen liebe.

Marcus erzählt seinem neuen Freund Will von der Sache, auf dem Designersofa beim Erdnüsschen-Essen. Will ist überfordert. Er ist nun mal nicht der ausgebildete Seelsorger. In seiner Hilflosigkeit entfährt ihm ein derber Kraftausdruck, den ich hier aus Gründen der Höflichkeit nicht wiedergeben kann, der aber besagt, dass diese Geschichte alles andere als lustig sei, verdammt nochmal. Marcus' Gesicht hellt sich auf. Er fühlt sich erstmals verstanden, ernst genommen in seiner Furcht und seinem Entsetzen.

Dies bringt mich auf den Gedanken, dass Fluchen manchmal vielleicht ein Segen sein kann. Mit Fluchen meine ich nicht den Missbrauch von Gottes heiligem Namen, der oft gar nicht so viel mit Kraftausdrücken zu tun hat. Ich meine auch nicht die geläufigen und gedankenlosen Selbstverfluchungen oder Wutausbrüche, die andere einschüchtern. Ich meine allerdings die Empörung über das, was uns und andere gebeugt hält, verkrüppelt, gedemütigt und in Angst. Ich meine das offene Benennen dieser Dinge, wenn es sein muss auch mal mit einem bodenständigen Kraftausdruck.

Ich lese von dieser Art Zorn in den Psalmen des Alten Testamentes. Ich spüre diese Empörung bei Jesus. – Christsein heisst nicht, dass wir alles schönreden oder die Abgründe des Lebens unter Verschluss halten. Es heisst mit Gott und zu Gott aufschreien über das, was zum Verzweifeln falsch läuft bei uns. Im Wissen darum, dass nichts so verflucht ist, dass es nicht vom gekreuzigten Christus getragen wird. Und in der Hoffnung darauf, dass, wo er mitträgt, der Segen nicht weit ist.

Christus hat uns freigekauft vom Fluch des Gesetzes, indem er für uns zum Fluch geworden ist – es steht nämlich geschrieben: Verflucht ist jeder, der am Holz hängt. *So sollte der Segen Abrahams durch Christus Jesus zu den Völkern kommen, und so sollten wir durch den Glauben die Verheissung des Geistes empfangen.*

Paulus in Galater 3,13 und 14

AN GRENZEN STOSSEN

Frau W. verdreht die Augen. Sie hat um neun Uhr mit Tante Hannelore abgemacht, um ihr beim Räumen des Kellers zu helfen. Genauer gesagt: um ihr den Keller zu räumen. Denn Tante Hannelore mit ihren neunzig Jahren ist solchen Unternehmungen nicht mehr gewachsen. Als Frau W. um fünf nach neun Uhr bei der Tante eintrifft, ist diese dabei, ächzend und schnaufend einen alten Teppich die Kellertreppe heraufzuzerren: «Ich dachte, ich mach mich schon mal ans Werk, wenn du so lange nicht kommst», keucht sie zur Begrüssung. So ist sie eben, die Hannelore: zäh und unverwüstlich. Was will man anderes erwarten von einer altgedienten Missionarin, die Bürgerkriegen, Malaria-Schüben und korrupten Behörden die Stirn geboten hat? Frau W. findet es ja bewundernswert, dass ihre alte Tante noch täglich Spaziergänge macht wie früher. Nur dass diese mittlerweile zu Gewaltmärschen geworden sind. Und ihr Engagement für die Mitmenschen ist löblich. Aber weh tut es doch, dass Hannelore mit sanfter Gewalt aus dem Kirchenkaffee-Team gedrängt werden musste, nachdem wiederholt Tassen und Teller von voll beladenen Serviertabletts gesegelt waren. Hannelore könnte in eine kleinere Wohnung ziehen. Ohne steile Treppen und unpraktische Schränke. Aber sie wehrt sich. «Ich lass' mich nicht unterkriegen», sagt alles an ihr. Bewundernswert – oder auch irgendwie ein Trauerspiel? Denn Hannelore hält sich an dem Leben fest, das sie vor zwanzig oder zehn Jahren mühelos gemeistert hat. Sie klammert sich an etwas, was vorbei ist, mit stiller, verbissener Verzweiflung. Aber wer weiss denn, wie unsereins sich verhält,

wenn wir erst mal in dem Alter sind, sagt Frau W. zu sich, als sie am Nachmittag mit vollen Einkaufstaschen in der Strassenbahn steht und in einer Kurve um ihr Gleichgewicht ringt. «Möchten Sie sich setzen», fragt ein junger Mann, der sich höflich erhebt und vielleicht gar nicht mehr so jung ist. Ehe sie sich's versieht, ist Frau W. auf den abgewetzten Plastiksitz geplumpst. Sie ärgert sich schrecklich, über sich und den freundlichen Herrn. So weit kommt es noch! Dass so ein junger Geck sie als alt und gebrechlich taxiert. Dabei ist sie noch meilenweit vom Seniorendasein entfernt. Frau W. merkt, dass irgendein Hannelore-Gen wohl auch in ihr wirkt. Das Zähe, das gern mal ins Sture kippt. Sie geht zügig den Weg von der Strassenbahn zu ihrem Wohnhaus. Als sie vor der Tür die Teenie-Tochter des Nachbarn sieht, räuspert sie sich und sagt: «Sag mal, Angela, könntest du mir wohl helfen, meine Taschen hinaufzutragen. Ich habe mich wohl etwas zu schwer beladen heute.»

Der Herr schafft deinen Grenzen Frieden
Psalm 147,14

FRAU W. WAGT SICH IN DIE PANIKZONE

Blauer Himmel. Warmer Sonnenschein. Leidlich gute Schnee-verhältnisse. Und eine Weiterbildungswoche mitten in einem Skigebiet. Einfach ein Muss bei dieser Kombination, mit Snowboard oder Ski loszuziehen. Der Meinung ist jedenfalls Frau W.s junge Kollegin, mit der sie das Zimmer teilt. Sie ziert und windet sich ein bisschen. War seit vier Jahren nicht mehr auf den Ski. Keinen einzigen Tag! Und auch in den Jahren davor gehörte sie nicht wirklich zu den förderungswürdigen Nachwuchstalenten der Schweiz. Sie hat keine Lust vor ihrer temperamentvollen Marketingleiterin auf die Nase zu fallen. Oder sich vor dem Grafiker-Lehrling mit einem ungewollten Salto zu blamieren. Aber die Kollegin lässt nicht locker. Und da ist noch Mirjam von der Buchhaltung, die ihr ihre Skiausrüstung leiht. Und Max, seit dreissig Jahren Skilehrer, der anbietet, sie unter seine Fittiche zu nehmen. Frau W.s Widerstand bröckelt. Sie zieht mit den anderen los. Oben am Skilift kommt die Stunde der Wahrheit: Vorsichtig, ganz vorsichtig stellt sich Frau W. auf die beiden dünnen Bretter und fährt im Zeitlupentempo einige Meter weit.

O Wunder – es geht, viel besser, als sie erwartet hat. Irgendwo in den Tiefen ihres Gehirns klappt ein verstaubter Aktenordner auf, in dem die Bewegungen und Abläufe zum Thema «Skilaufen» fein säuberlich abgelegt sind. Griffbereit. «Are you comfortable, Ma'am?», fragt ihr Skilehrer weltmännisch. Und erklärt ihr nach einigen Abfahrten, dass in der englischen Pädagogik drei Bereiche unterschieden werden: *comfort zone,* da wo man sich wohl und sicher fühlt. Frau W. nickt und vollführt auf der «blauen», der einfachen Piste zierliche Schwünge nach links und nach rechts. Und dann gibt es die *panic zone*. Also eine Art «schwarze», eine schwierige Piste, auf der gefährliche Draufgänger über vereiste Steilhänge hinunterbrettern. Nichts für sie! Panik ist da nur der Vorname. «Dazwischen», hebt ihr Begleiter wieder an, «liegt die *learning zone*, in der man etwas Neues lernt.» Und schlägt vor, dass sie sich doch mal ganz sanft in Richtung Panikzone bewegen. Wie wär's mit der «roten» Buckelpiste? Wegen des Lerneffekts und so? Frau W. ziert und windet sich ein bisschen ...

Abends sitzt sie glücklich beim Fondue. Er hat sich gelohnt, der Sprung über den eigenen Schatten. Eine Draufgängerin ist sie nicht und wird es nie sein. Aber ab und zu tut es gut, aus dem Vertrauten, Sicheren in unbekannte und gefährliche Gegenden gescheucht zu werden. Um dazuzulernen. Um Neuland zu gewinnen. Und all den klagenden Stimmen wie «Das kann ich nicht», «Das kenne ich nicht» ein Schnippchen zu schlagen. Ich glaube, dass Gott ein Meister ist im Ermutigen und Locken – raus aus der altbekannten *comfort zone,* hinein ins Leben, manchmal Richtung Panikzone. Und unterwegs verlieren sich Ängste, tun sich Welten auf, wächst Freude.

Aber etwas ist sicher: Ohne ihren gütigen und souveränen Skilehrer hätte sie das Ganze gar nicht lustig gefunden. Gut zu wissen – wir sind begleitet und geleitet – nicht nur beim Skilaufen!

Mir ist alle Macht gegeben im Himmel und auf Erden.
Geht nun hin und macht alle Völker zu Jüngern: Tauft sie

*auf den Namen des Vaters und des Sohnes und des
heiligen Geistes, und lehrt sie alles halten, was ich
euch geboten habe. Und seid gewiss: Ich bin bei euch
alle Tage bis an der Welt Ende.*

Jesus in Matthäus 28,18–20

FAMILIE W. MACHT EINEN AUSFLUG

Es ist eine Burg, wie es viele gibt: ein Aussenhof, ein Innenhof, dicke Mauern, Rampen und ein Ziehbrunnen. Auf den Mauern sitzen Kanonen, die aufs Meer hinaus zeigen. Frau W. möchte eigentlich lieber am Strand liegen, aber zum Baden ist es zu windig und die Kinder brauchen eine Abwechslung. Die beiden Jungen schauen sich mit wohligem Gruseln die blutüberströmten und verrenkten Schaufensterpuppen im unterirdischen Folterkeller an. Die Porzellansammlungen, Gemälde, Möbel und verzierten Gläser der letzten Besitzer interessieren sie weniger. Die langen Gänge und verwinkelten Treppenhäuser in dem nordenglischen Schloss eignen sich jedoch hervorragend für Verfolgungsjagden und Versteckspiele. Herr W. ruft schon gereizter, dass eine Ritterrüstung kein Spielzeug sei, und Frau W. sieht sich suchend nach etwas Interessantem um. «Schaut mal dieser Teppich! Ist der nicht schön?» Für einen Moment stehen die verschwitzten Jungen vor dem riesigen Teppich still. Es ist ein gleichmässiges Muster, eine Blume, die ihre Blüten von innen nach aussen ausbreitet wie eine Rosette oder ein Mandala. Die ganze Blume besteht aus kleinen, kreisrunden Filzstücken, die sorgfältig aufgenäht wurden, eines nach dem anderen – eine langwierige Geduldsarbeit. «Das könnte ich auch», mault der Jüngere. «So was hab' ich auch mal gemacht im Handarbeiten bei Frau Meisterhofer.» «Spinnst du», sagt der Ältere. «Das könntest du nie im Leben. Für so einen Teppich müssen wahnsinnig viele Leute tagelang schuften.» «Wer hat ihn denn gemacht», fragt der Jüngere, der seinem Bruder den altklugen Kommentar zum Glück nicht übel nimmt. «Ich weiss es nicht», sagt Herr W. «Doch, hier steht es!» Mit Mühe entziffert die Familie den verblichenen Text auf dem gelblichen Zettel neben dem Teppich: «Geschenk von russischen Kriegsgefangenen während des Krim-Krieges. An ihre britischen Besatzer in Dankbarkeit für die humane Behandlung.» «Was sind Kriegsgefangene?», fragt der Jüngere. Herr W. erklärt es ihm. «Aber wenn sie ihm Gefängnis sind, warum bekommen sie denn all dieses Material zum Basteln? Oder war das eine Strafe?», fragt der Jüngere immer noch etwas ratlos. «Ich weiss es», ruft der Ältere triumphierend. «Sie zerschnitten ihre Uniformen und nähten damit den Wandteppich.» Tatsächlich, so ist es, wie die Eltern verblüfft feststellen. Die Farben entsprechen dem gedämpften Feldgrün, Rostrot und Grau von Soldatenuniformen. Der Jüngere guckt immer noch nachdenklich. «Aber warum machten sie ihren Wärtern ein solches Geschenk? Waren das denn nicht ihre Feinde?» «Weil sie menschlich behandelt wurden. Kannst du nicht lesen, du Dummerchen? Oder weisst du nicht, was ‹human› heisst?» Und damit geht schon wieder eine Verfolgungsjagd los, mit gefährlichem Kurs auf eine Vitrine mit Schmuck. Herr W. eilt hinter seinem Nachwuchs her. «Komm, wir gehen als Nächstes in die Cafeteria», ruft seine Gattin hinterher. Aber Frau W. bleibt noch einen Augenblick lang stehen. Sie ist beeindruckt. Kriegsgefangene, die ihren Bewachern ein solch sorgfältiges Geschenk machen. Aus Dankbarkeit für gute Behandlung. Nein, dies ist keine Selbstbeweihräucherung der britischen Armee. Viel zu unauffällig hängt der Teppich

da, auf Umwegen in das seltsame Schloss gelangt. Aber für Frau W. ist er ein kleiner Hoffnungsschimmer in einer Welt voller Gewalt, Gier und anderen Verrücktheiten.

Und er, Gott, wird für Recht sorgen zwischen den Nationen
*   und vielen Völkern Recht sprechen.*
Dann werden sie ihre Schwerter zu Pflugscharen schmieden
*   und ihre Speere zu Winzermessern.*
Keine Nation wird gegen eine andere das Schwert erheben,
*   und das Kriegshandwerk werden sie nicht mehr lernen.*
*   Jesaja 2,4*

Nie komme ich mir so alt und grau vor, wie wenn mir ein Jugendlicher ein Computerspiel erklärt. So wie an dem regnerischen Tag, als Simon mich in sein neustes Game einweiht. Es geht darum, dass man sich ein Imperium aufbaut, so viel ist klar. Natürlich in der Rolle des Königs oder des Kaisers. Dazu müssen Wälder gerodet, Städte gebaut und eine Armee aufgestellt werden. Letzteres ist besonders wichtig, weil es von fiesen Feinden nur so wimmelt in diesem Spiel. In einem unbeobachteten Moment landen sie in U-Booten am Meeresufer, fackeln unbefestigte Dörfer ab oder erfrechen sich gar, die Bewohner der Stadt mit allerlei Geschossen zu drangsalieren. Dies kann der König des neuen und aufstrebenden Imperiums unmöglich hinnehmen. Dank einem starken und hochgerüsteten Heer werden die Angreifer im Handumdrehen vernichtet oder zumindest in die Flucht geschlagen. Per Tastendruck explodieren sie mit einem dumpfen «Ai». Soldaten liegen von Laserstrahlen niedergestreckt da und U-Boote zerschellen in den Fangarmen eines Riesenkraken. Aber das ist noch nicht alles. Die wirkliche Geheimwaffe des Spiels ist ein Druide mit einem langen grauen Bart und einem Zauberstab. Schwingt er diesen Stab, geraten die Feinde unter einen spirituellen Bannstrahl und laufen mit glasigem Blick zu ihren einstigen Gegnern über. Eine tolle Sache. Das findet auch Simon. Nachdem er der Explosionen, Laserkanonen und Kraken etwas müde geworden ist, findet er es an der Zeit, die Taktik zu ändern. «Die vernichte ich!», ruft er aus, als wieder ein feindliches Bataillon in einem Wald sein Unwesen treibt. «Nein, halt, die bekehre ich!» Pling! Der Druide schwingt den Stock und die feindlichen Unruhestifter wechseln das Lager, ganz ohne Blutvergiessen. Nun muss ich gestehen, dass mich dieses Vorgehen etwas befremdet. «Bekehren» scheint quasi die humane Art zu sein, einen Feind unschädlich zu machen. Sozusagen eine mildere Variante als Töten.

Ich ärgere mich. Was ist das wieder für ein Bild vom Christentum? Denn ist es nicht so, dass auch abseits von Computerspielen viele Zeitgenossen einen Bekehrungsversuch für nur wenig schlimmer als einen Mordanschlag halten? Zumindest erfüllte ein solcher Versuch für viele den Tatbestand von Belästigung und Hausfriedensbruch.

Allerdings, ganz unschuldig sind ja die christlichen Kirchen nicht an diesem düsteren Bild. Bekehrung und Mission wurden – Gott sei's geklagt – oft so verstanden: Getaufte Untertanen sind bessere Untertanen. Bekehrte Völker können Teil eines christlichen Imperiums werden. Und auch heute, lange nach Kreuzzügen und Kolonien, ist die Versuchung da. Die Versuchung, den anderen zu bekehren, um ihn gleichzumachen. Weil mir der andere Angst macht. Je mehr Christen, desto weniger Kommunisten, Moslems und Esoteriker – so lautet die einfache Milchmädchenrechnung, die mich ruhiger schlafen lässt.

Gott sei's gedankt, es geht auch anders: Weltweit ist eine vielfältige und farbige Kirche entstanden und entsteht jeden Tag neu. Menschen in allen Kulturen und Klimazonen wurden auf das Evangelium aufmerksam und lesen die Bibel. Manchmal unter grossen Risiken. Oft ohne die Hilfe von europäischen Christen. Auf der ganzen Welt haben Menschen die Melodie des Evangeliums gehört, trotz der oft

stümperhaften Interpretation und haben mit einer Fülle von Tanzschritten, Instrumenten und Rhythmen darauf geantwortet. Ganz bestimmt nicht mit glasigem Blick, und ohne jede Gleichschaltung im Interesse einer Zentralmacht.

Jeden Tag erfahren auch langjährige Christen eine Art Bekehrung: Aus Angst wird Vertrauen oder zumindest Neugierde. Die Liebe Gottes, die sich in Jesus Christus zeigt, ermöglicht angstfreie Begegnungen mit dem anderen. Und immer wieder erleben gewöhnliche Christinnen, dass Gott sie in einem unbeobachteten Moment mitten im Alltag zu Botinnen und Zeugen des auferstandenen Jesus macht. Sozusagen zu Mitarbeitenden des göttlichen Corps diplomatique. Die nichts erzwingen können und oft nicht besonders wendig sind. Aber durch die manchmal ein Glanz durchscheint und eine Freude, die ansteckend ist.

So treten wir nun als Gesandte Christi auf, denn durch uns lässt Gott seine Einladung ergehen. Wir bitten an Christi Statt: Lasst euch versöhnen mit Gott!
Paulus in 2. Korinther 5,20

Versöhnung ist schön, denkt Frau W. Ein Glück, dass sie die Aussprache mit ihrer Schwiegermutter hatte. Seit Monaten schwelte höchst Ungutes. Angefangen hatte es mit einem dummen Missverständnis. Und dann kam eins zum anderen: Frau W. fühlte sich vereinnahmt, die Schwiegermutter fühlte sich übergangen. Man redete nur noch das Nötigste, ging sich aus dem Weg. Bis vorgestern eben. Es gab zwar heftige Worte. Aber am Schluss lag man sich in den Armen und weinte vor Erleichterung. Schön wie im Märchen. Frau W. fühlt sich federleicht. Und der Schwiegermutter ist sie innerlich näher als vor dem Streit.

Ein schöner Gedanke, dass dies auch im Zentrum des Christentums steht: eine Versöhnung. Frieden machen.

Versöhnung braucht zwei, ruft Frau W. zornig aus. «Es kann der Frömmste nicht im Frieden leben, wenn es dem bösen Nachbarn nicht gefällt.» Und böse ist er wirklich in ihrem Fall. Zugegeben: Ihre Kinder haben seinem neuen BMW beim Steinchen-Spiel unschöne Kratzer zugefügt. Aber deswegen gleich mit einer Klage zu drohen! Sie hat sich entschuldigt und Wiedergutmachung angeboten. Hat den Kindern gehörig die Leviten gelesen. Nichts nützte. Der Nachbar grüsst nicht mehr. Dem verdatterten Jüngsten hat er neulich etwas zugezischt, was gar nicht freundlich klang.

Und Gott? Braucht der auch zwei für seine Versöhnungsaktion? Scheint nicht der Fall zu sein – ganz allein, ohne vorher zu fragen, führt Gott seine «Aktion Versöhnung» durch, kein Mensch ist daran beteiligt. Die Versöhnung gilt –

ohne Vorbedingungen. Aber was ist, wenn die Versöhnung nicht ankommt, die Menschen nicht erreicht, denen sie gilt? Was macht Gott, wenn seine Menschen ihn nicht mehr grüssen?

Versöhnung ist schwer, seufzt Frau W. Unbeschreiblich, wie viele Steine ihre Vorgesetzte ihr schon in den Weg gelegt hat. Die ganze Abteilung leidet unter dieser giftigen Dame. Frau W. hat sich immer zu beherrschen gesucht, wenn sie ungerecht behandelt wurde, abgekanzelt und blossgestellt. Hat ihren Tränen erst zu Hause freien Lauf gelassen. Nun ist die gute Frau krank, liegt im Spital. Einmal rief sie an, es klang äusserst zaghaft und fast wie ein Hilferuf. Was tun? Hingehen, ihr die Hand geben? Alles vergeben, die ganzen Ausrutscher nicht anrechnen? Es wäre Verrat, nicht nur an mir, auch an meinen Kolleginnen, denkt Frau W. Gott hat es da einfacher. Sitzt im himmlischen Thronsaal, nimmt den goldenen Kugelschreiber und unterschreibt in einem Anfall von guter Laune die Amnestie: Ich vergebe euch allen! Weiss er denn um den Schmerz seiner Geschöpfe? Weiss er, wie furchtbar weh es tun kann, sich zu versöhnen?

Was aber, geht es Frau W. durch den Kopf, wenn der Ort der Versöhnung nicht ein Thronsaal wäre, sondern – zum Beispiel – ein Kreuz? An dem einer mit dem Tod ringt. Wo einer die Schmerzen tödlich ernst nimmt und auf sich nimmt – die Schmerzen der Peiniger und der Gequälten? Was, wenn Versöhnung Gott so ans Lebendige ginge, Gott so viel kostete – und trotzdem bestehen bliebe?

Ja, was dann?

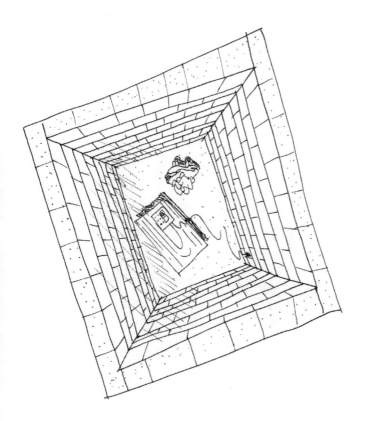

Gott war in Christus und versöhnte die Welt mit sich, indem er den Menschen ihre Verfehlungen nicht anrechnete und unter uns das Wort von der Versöhnung aufgerichtet hat.

Paulus in 2. Korinther 5,19

BWANA YESU AFUFUA!

Vor einigen Jahren verbrachte eine meiner Freundinnen ein Jahr in Tansania. Darum bekam ich ab und zu eine SMS in Kisuaheli, der dortigen Landessprache: «Gute Nacht» oder «Guten Morgen». Ein einziger Satz ist mir im Gedächtnis geblieben. Er kam vorletzte Ostern per SMS aus Afrika direkt zu mir ins Emmental. «Bwana Yesu afufua!» stand da. «Der Herr Jesus ist auferstanden!» Ich habe den Satz diese Ostern meiner Freundin ins Handy getippt. Sie hat sich gefreut darüber und postwendend ein fröhliches «kweli, kweli amefufua!» zurückgeschickt. («Er ist wahrhaftig auferstanden!») Ich bin ganz stolz darauf, ein wenig Kisuaheli zu können. Obwohl – falls ich mal Tansania bereisen wollte, müsste ich mir schon noch etwas mehr Sprachkenntnisse aneignen. Ich stelle mir amüsiert vor, ich würde versuchen, mich mit diesem einen Satz durchzuschlagen. Am Flughafen würde ich gefragt: «Sind Sie geschäftlich im Land?» Ich antwortete: «Bwana Yesu afufua!» Der Taxifahrer würde sich erkundigen, wohin die Reise geht, ich erwiderte lächelnd «Bwana Yesu afufua». Im Laden, im Restaurant, an der Tankstelle – immer der gleiche Satz, der erst noch nirgends recht passt.

Je weiter ich den Gedanken spinne, desto mehr scheint mir, dass er gar nicht so abwegig ist. In einem bestimmten Sinn ist dieser Satz genug. Nicht für die Touristin, aber für mich als Christin, unterwegs im Leben. Ich stelle mir vor, mit diesem Satz könnte ich jeweils schneller und entschlossener kontern: den Sorgen, ob ich dieses und jenes richtig entschieden habe, das entgegensetzen: Bwana Yesu afufua.

Ich bin ja nicht allein auf meiner Lebensreise. Den Ängsten, was noch alles kommen könnte, dies entgegenhalten: Bwana Yesu afufua. Er wartet auf mich, die Zukunft gehört ihm. Den Horrorszenarien im Persönlichen und Weltweiten ruhig diesen Satz ins Gesicht sagen: Bwana Yesu afufua. Denn die Hoffnung ist unbesiegbar geworden. Und wenn es der einzige Satz in unserem Glaubenswortschatz wäre, es wäre schon viel! Wir dürfen darauf unser Leben wagen, wir können seine Kraft erfahren, gerade jetzt, in der Zeit nach Ostern. Denn – er ist wahrhaftig auferstanden – kweli, kweli!

Jesus Christus hat den Tod besiegt
und hat aufleuchten lassen Leben und
Unsterblichkeit, durch das Evangelium.
Paulus in 2. Timotheus 1,10b

Frau W.s älterer Sohn geht auf die Kunstgewerbeschule. Er malt, zeichnet, werkt und improvisiert mit Begeisterung. Manches ist ganz nett. Die Bleistift-Skizze von ihrem Kater zum Beispiel, der in Lauerstellung hinter dem Rosenbusch liegt. Oder auch die farbigen Kreise, die miteinander zu tanzen scheinen. Aber so wirklich etwas mit Kunst anfangen kann das Ehepaar W. nicht. Frau W. errötet leicht, als ihr Sohn ihr die Tuschzeichnung «Liegender Akt mit einer Giesskanne» präsentiert. Und Herr W. knurrt etwas Unverständliches, als der angehende Künstler von einer Installation schwärmt, bei der siebzig Deckel von Marmeladegläsern (unter anderem von Frau W.s Gläsern – wie sie sie verschliessen wird in diesem Herbst, weiss sie noch nicht!) in einer langen Diagonale auf eine weisse Spanplatte aufgenagelt wurden. Es ist nicht ihre Welt und sie hat keine Ahnung, woher der Junge dieses Interesse an Kunst hat. Und die Begabung. So ist es begreiflich, dass sie sich zwar ungemein freut über die grosse Leinwand, die verpackt und verschnürt an ihrem Geburtstagstisch lehnt, aber auch ein bisschen nervös ist. Ein selbstgemaltes Bild ist es, dafür braucht es nicht viel Phantasie. Aber ob es ihr gefallen wird? Als der Künstler weg ist, packt sie das Gemälde vorsichtig aus. Eine Menge Farben, Pinselstriche und Kringel. Also wirklich, sie weiss nicht recht. «Ein Gekleckse», sagt Herr W. sehr offenherzig. «Wir verstehen es eben nicht richtig», meint Frau W. diplomatisch. Als Frau W.s Sohn das nächste Mal kommt, hängt das Bild sogar an der Wand. Der Sohn freut sich sichtlich darüber. Aber dass er nicht mehr aufhört zu

lachen, ist doch eher ungewöhnlich. «Wie wär's, wenn du das Gemälde richtig herum aufhängen würdest, Mama?», meint er. «So wie es jetzt hängt, steht es ja auf dem Kopf.» Nach noch mehr Gelächter und einigen handwerklichen Kunstgriffen ist das Malheur behoben. Eigentlich sieht man auch jetzt nicht, was das Bild darstellen soll. Aber merkwürdigerweise fügen sich die Farbkleckse, Pinselstriche und Kringel auf einmal zusammen, fangen an zu schweben und zu klingen, springen aus dem Bild heraus zu ihr, Frau W. Und etwas von dem, was sie mit ihrem Sohn verbindet, seit sie ihn zum ersten Mal in den Armen hielt, leuchtet aus dem Bild, tanzt mit ihr Reigen, bis ihr schwindlig wird, lacht leise vor sich hin. Und Frau W. versteht. Versteht sehr gut.

So ähnlich stelle ich mir vor, was an Pfingsten geschah und immer neu geschieht: dass tote fromme Floskeln zum Leben erwachen, dass Gottesbilder vom Kopf auf die Füsse und von den Füssen auf den Kopf gestellt werden. Und dass der ferne, fremde Gott nahe wird, uns lachend zum Tanz einlädt.

Und sie wurden alle erfüllt von heiligem Geist und begannen, in fremden Sprachen zu reden, wie der Geist es ihnen eingab. In Jerusalem aber wohnten Juden, fromme Männer aus allen Völkern unter dem Himmel. Als nun jenes Tosen entstand, strömte die Menge zusammen, und sie waren verstört, denn jeder hörte sie in seiner Sprache reden. Sie waren fassungslos und sagten völlig verwundert: Sind das nicht alles Galiläer, die da reden? Wie kommt es, dass jeder von uns sie in seiner Muttersprache hört?

Aus dem Pfingstbericht, Apostelgeschichte 2,4–8

VON UNSEREM HAUS BIS INS NACHBARDORF

Linda ist sechs Jahre alt und hat zu Weihnachten etwas ganz Wunderbares geschenkt bekommen: ein Walkie-Talkie. Zwei telefonähnliche Geräte sind es, durch die sich zwei Personen verständigen können, und zwar über beträchtliche Distanzen. Nicht nur gerade mal um die Hausecke, sondern «von unserem Haus bis ins Nachbardorf» – über diesen weiten Raum kann dieses coole Gerät senden und empfangen. So flüstert es mir Linda voller Ehrfurcht zu. Man sieht ihr an, dass ihr Vertrauen in dieses Wunderding schier grenzenlos ist.

Natürlich wollen wir das Walkie-Talkie ausprobieren. Wir beschliessen, dass ich in der Küche bleibe und Linda sich in den zweiten Stock begibt. Ich halte den Schalter fürs Sprechen gedrückt. «Hallo Linda, hallo, bist du so weit?» Keine Antwort. «Hallo Linda, hallihallo», versuche ich es noch einmal. «Hallo», ertönt es zaghaft aus der Hörmuschel. Allerdings scheint die Stimme nicht nur aus dem Gerät zu kommen, sondern hört sich täuschend echt und nahe an. Es stellt sich heraus, dass Linda nicht in den zweiten Stock gegangen ist, sondern sich nur gerade hinter die Küchentür verdrückt hat. Im praktischen Versuch scheint sie dem Ganzen denn doch nicht so recht zu trauen. Vielleicht ist sie auch nur unsicher, ob ich die Sache recht begriffen habe. Wie auch immer, ich muss schmunzeln. Hier die Ehrfurcht vor dem Wunder der Technik: «von unserem Haus bis ins Nachbardorf». Dort das vorsichtige Auf-Nummer-sicher-Gehen – besser erst hinter der Küchentür warten als schon in den zweiten Stock gehen.

Es erinnert mich an meinen Glauben. Theoretisch bin ich voller Ehrfurcht, glaube, dass Gott alles kann, unendliche Möglichkeiten hat, mich liebt und für mich sorgt. In der Praxis halte ich mich öfter an die Maxime, dass Vorsicht die Mutter der Porzellankiste ist.

Wer weiss, wie das alles endet, wenn ich Sicherheiten aufgebe, einen Schritt auf jemanden zugehe, Hoffnung gegen den Augenschein bewahre oder gar etwas aufs Spiel setze, das mir viel bedeutet? Ich glaube, dass Gott uns freundlich auslacht, wenn wir uns hinter unsere Küchentüren verdrücken und behaupten, ihm seine Verheissungen zu glauben. Ich glaube aber auch, dass er geduldig mit uns umgeht, bei unseren «Walkie-Talkie-Spielen» mitmacht und die Hoffnung nicht aufgibt, dass wir eines Tages und immer wieder Mut fassen und in den zweiten Stock gehen. Oder sogar ins Nachbardorf.

Mit dir erstürme ich Wälle,
   mit meinem Gott überspringe ich Mauern.
David in Psalm 18,30

FRAU W. IST IM STRESS

Frau W. ist im Stress. Und das schon ziemlich lange. Es war ihr klar, dass sie im Februar viel zu tun haben würde – der Umzug ihrer Tante ins Altersheim und die dringend nötige Sanierung des Bads. Dass auch noch die Heizung aussteigen würde, konnte sie ebenso wenig wissen, wie dass die Hugentoblers genau an dem Wochenende hereinschneien würden. («Wir wollten euch überraschen»!) Frau W. stöhnt ob der Heizung und seufzt heimlich wegen Hugentoblers. Am liebsten möchte sie wie ein Bär einen Winterschlaf machen und erst wieder aus der Höhle kommen, wenn die schwierigste Zeit vorbei ist. Frau W. starrt auf die Computertastatur: «Esc» liest sie, die Abkürzung für *escape,* entfliehen. So eine Taste käme ihr ganz gelegen im Moment ... *escape,* abhängen, sich ausklinken, sich abmelden.

Frau W. packt ihre Agenda ein. Dabei fällt eine Karte mit einem Bibelspruch heraus: «Bei dir suche ich Zuflucht. Im Schatten deiner Flügel suche ich Zuflucht, bis das Verderben vorüber ist.» *Escape,* schon wieder, diesmal auf die religiöse Tour. Es hört sich ähnlich an wie die Winterschlaf-Vorstellung. Oder doch nicht ganz? Vielleicht geht es hier nicht ums Davonrennen, sondern ums Hineinrennen, ins Innere des Sturms, und dort nach Gottes Hand zu greifen. Frau W. schmunzelt: Nicht *escape* müsste das heissen, sondern *inscape*: Flucht nach innen. Zu Gott flüchten – das wäre also nicht Abhängen, sondern Einhängen, nicht Ausklinken, sondern sich wieder Einklinken ins Vertrauen zu Gott, wie in eine zuverlässige Seilschaft. Es hiesse nicht sich abmelden von allem, sondern sich melden bei Gott. *Inscape* ...

Abends zieht Frau W. zwei Pullover an, setzt sich aufs Sofa und isst eine der Pralinen, die Hugentoblers mitgebracht haben. Sie denkt an die Heizung und das Bad und alles andere. Und sie denkt an die ausgebreiteten Flügel, unter denen sie sich bergen kann. Und wird langsam ruhig.

Im Schatten deiner Flügel suche ich Zuflucht,
  bis das Verderben vorüber ist.
  David in Psalm 57,2

Liebe Leute, euch darf ich es ja verraten: Die Adventszeit ist für mich immer ein ziemlicher Stress. Da werden wir Engel nämlich häufig von unserem Herrn ausgeschickt, um Spezialaufträge zu erledigen, nicht selten im Dienst einer himmlischen Forschungsabteilung. Schon im August fragte ich mich, ob ich wohl wieder so eine Weihnachts-Pisa-Studie durchführen müsse wie letztes Jahr, um herauszufinden, wer alles noch Bescheid weiss über Maria und Josef. Aber nein, dieses Jahr hat sich der Allmächtige etwas anderes für mich ausgedacht. Ich solle Leute beobachten, die warten, trug er mir auf. Und ich solle besonders darauf achten, ob Menschen darunter sind, die vielleicht sogar auf ihn warten, die von Gott noch etwas erwarten.

Natürlich machte ich mich sofort Richtung Erde auf. Ein älterer Engel gab mir den Tipp, am Bahnhof anzufangen. Der Tipp war Gold wert, wie sich herausstellte. Als Erstes realisierte ich nämlich, dass es einen speziellen Raum gibt, der «Wartesaal» heisst. Oder auch «Waiting lounge» für Leute, die geschäftlich unterwegs sind. Diskret begab ich mich hinein. Mir fiel auf, wie unterschiedlich die Menschen warten. Die einen dösen in ihren Sesseln, andere laufen auf und ab wie ein Tiger im Käfig. Ich hatte den Eindruck, dass die meisten Menschen nicht besonders gern warten. Vor dem Fahrkartenautomaten zappeln viele ganz nervös umher.

Am Aufgang zum Bahnsteig sah ich einen jungen Mann mit einer Bierdose in der Hand, mit gläsernem Blick und zerzaustem Haar. Der sass einfach da und wartete. Offenbar tut er den ganzen Tag nichts anderes als warten. Aber worauf? Oder allenfalls auf wen, so frage ich mich. Ich machte mir lange Gedanken über diesen Fall, aber mir wurde nicht klar, ob ich ihn unter der Rubrik «Warten auf Gott» verbuchen konnte.

Das Beste, das ich erlebte, passierte mir auf Bahnsteig 9 kurz vor der Einfahrt des Fünf-Uhr-Zugs. Da stand eine junge Frau mit leuchtenden Augen. Als der Zug einfuhr, ging ein Ruck durch sie. Sie suchte jemanden in der Menschenmenge, ungeduldig und froh. Sehen so Leute aus, die auf ihn warten? – gross geschrieben, meine ich jetzt natürlich. Ich kann euch sagen, ich habe mir meine Aufgabe nicht leicht gemacht. Aber schliesslich hatte ich fünf Seiten vollgekritzelt, manches auch wieder durchgestrichen. Etwas kleinlaut erschien ich mit dem mageren Resultat vor dem Thron Gottes. Er las meine Aufzeichnungen aufmerksam durch. Es schien mir fast, er unterdrücke ein Lächeln. «Es ist ja erst Anfang Advent», meinte er. Und dann änderte er seinen Auftrag ab: Ich solle mich nochmals unter die Leute mischen, die warten, meinte er. Ich soll denen Kraft geben, die schon lange sehnlichst darauf warten, dass es besser wird bei ihnen. Ich solle denen einen Schubs geben, die vor lauter Abwarten und Teetrinken das Leben verpassen, und ihnen Mut machen zum Handeln. Und ich solle die überraschen, die sich die Sehnsucht bewahrt haben nach etwas Unaussprechlichem, Wunderbaren. Denen solle ich eine Spur seiner Nähe in ihr Leben hauchen wie eine Prise Goldstaub. So bin ich wiederum unterwegs in göttlicher Mission und ich kann euch sagen – diesmal ist mir meine Aufgabe auf den Leib geschrieben.

Meine Seele harrt auf den Herrn,
mehr als die Wächter auf den Morgen,
mehr als die Wächter auf den Morgen.
Harre, Israel, auf den HERRN.
Denn beim HERRN ist die Gnade,
und bei ihm ist Erlösung in Fülle
Psalm 130,6 und 7

Frau W. hat ihn natürlich schon gesehen: Am Boden sitzt er und hat die Augen halb geschlossen und riecht nach Alkohol. Alles an ihm wirkt etwas verwahrlost. Es ist ein Jammer, so ein junger Mensch und schon so abgestürzt. Gut, dass keines ihrer Kinder so dran ist. Frau W. hört auch, dass der junge Mann leise stöhnt. Hat er Schmerzen? Oder schläft er bloss einen Rausch aus? Wie auch immer, sie kann da leider nichts machen. Sie hat eingekauft, ihr Zug fährt in zehn Minuten. Im Weitergehen fühlt sie das Bedürfnis, sich vor ihrem unsichtbaren Meister zu rechtfertigen. Es gibt so viele, sagt sie, sogar in einem reichen Land wie unserem. Was erwartest du? Ich kann doch nicht bei jedem stehenbleiben. Fast im gleichen Moment vermeint sie innerlich zu hören: Das stimmt. Aber du kannst auch nicht an jedem vorbeigehen. Frau W. hat das Gefühl, dass sie gerade 1 : 0 verloren hat. Mürrisch dreht sie sich um und geht etwas ratlos ein paar Schritte zurück. «Hallo, ist alles o. k. bei Ihnen?», fragt sie den jungen Mann etwas unbeholfen. Zu ihrer Erleichterung öffnet er die Augen. «Haben Sie Hunger? Durst?» Frau W. kauft am nächsten Kiosk ein Sandwich und ein Mineralwasser, der Mann greift hungrig danach, murmelt einen Dank. Verlegen wünscht Frau W. ihm alles Gute und geht erneut Richtung Bahnhof. Ob sie etwas Gutes, etwas Richtiges getan hat? Sie weiss es nicht. Sie weiss nur, dass sie eben jetzt genauso handeln musste. Halb empört, halb belustigt sagt sie zu ihrem himmlischen Chef: Es ist schwer, mit dir zu diskutieren, Herr. Schwer, aber schön, mit ihm unterwegs zu sein. Als Frau W. ganz knapp den nächsten

Zug erwischt, fühlt sie sich, als hätte sie gerade bei einem Wettbewerb den ersten Preis gewonnen.

Und der König wird ihnen zur Antwort geben: Amen, ich sage euch: Was ihr einem dieser meiner geringsten Brüder getan habt, das habt ihr mir getan.
Jesus in Matthäus 25,40

ANKOMMEN

Unter dem Tannenbaum liegt zerknülltes Geschenkpapier. Die Kerzen sind halb niedergebrannt und mit Wachstropfen übersät. Vom Weihnachtsgebäck ist nur noch ein einsamer Spitzbube übrig. Frau W. lässt sich im Sessel nieder und seufzt. Einmal mehr ist das grosse Fest über die Bühne gegangen. Schön war es, das festliche Essen, die Freude der Kleinen beim Auspacken der Geschenke, das Zusammensein und Singen. Aber es scheint Frau W., dass die Adventszeit jedes Jahr schneller vorübergeht. Besonders heuer, als Heiligabend dicht auf den vierten Advent folgte. Sie wollte doch dieses Jahr alles etwas ruhiger nehmen, nicht mehr so aufwendig backen und dekorieren, sich aufs Wesentliche besinnen. Aber dann hat sie die vorweihnachtliche Geschäftigkeit einfach mitgespült.

Es wurde Weihnacht, und schon war alles wieder vorbei. Ihre tüchtige Nachbarin hat bereits den Christbaum abgeräumt und die Tanne auf den Balkon gestellt. Beim Einkaufen am Morgen sah sie in manchen Geschäften wahrhaftig schon die Silvesterdekorationen. Ihr Mann hat sich ins Büro verzogen wegen der Geschäftsabschlüsse, die noch sein müssen vor dem Jahreswechsel. Der jüngere Sohn hat sie beim Frühstück gefragt, was sie sich vornehme fürs neue Jahr.

Dieses Jahr ging alles so schnell … Frau W. dünkt es, sie habe kaum Zeit gehabt, um bei der Krippe anzukommen. Ihr Blick fällt auf die Krippe, auf die drei Könige. Die sind ja auch noch nicht angekommen, geht es ihr durch den Kopf. Sie sind noch unterwegs auf ihrer langen Reise voller

Hindernisse. Unterwegs zum Kind. Und sie? Frau W. legt eine Weihnachts-CD auf und hört dem Chor der Engel zu. Es fällt ihr ein, dass laut Kirchenjahr die Weihnachtszeit eigentlich erst richtig anfängt mit dem grossen Fest. Ja, vielleicht ist jetzt der Moment, nachdem die ganze Aufregung ums Schenken und Dekorieren und gut Essen vorbei ist, mit den Königen zur Krippe zu ziehen und in Ruhe das Kind anzusehen. Er hat es nämlich gottlob nicht eilig. Er kann gut warten. Was kann sie ihm bringen? Vielleicht ein Dankgebet, für das, was kostbar war im vergangenen Jahr, kostbar wie Gold. Vielleicht eine Klage, über das, was wehgetan hat und bitter war, bitter wie Myrrhe. Oder einfach ein Gebet des Vertrauens und der Liebe, ein Gebet, das aufsteigt wie Weihrauch.

Weihnachten ist vorbei. Aber das Kind in der Krippe heisst sie mit offenen Armen willkommen. So wie es der Chor auf der CD singt, mit den Worten von Paul Gerhard: «Lasset fahren, Schwestern, Brüder, was euch quält, was euch fehlt, ich bring alles wieder.»

Als die Sterndeuter den Stern sahen, überkam sie grosse Freude. Und sie gingen ins Haus hinein und sahen das Kind mit Maria, seiner Mutter; sie fielen vor ihm nieder und huldigten ihm, öffneten ihre Schatztruhen und brachten ihm Geschenke dar: Gold, Weihrauch und Myrrhe.

Matthäus 2,10–11

Frau W. und ihre Familie sind umgezogen. Endlich konnten sie sich den Traum vom eigenen Heim erfüllen. Es ist zwar ein eher kleines Haus, aber immerhin. Alle Kinder haben nun ihr eigenes Zimmer und es gibt sogar noch ein Zimmer, für das noch kein Zweck bestimmt ist. Frau W. beschliesst, es zu ihrem Bügelzimmer zu ernennen. Am Samstag laden W.s zum Tag der offenen Tür ein. Freunde, Verwandte und natürlich die neuen Nachbarn werden eingeladen. Der Nachbar K. nebenan soll einen hohen Posten haben. Er fährt einen schwarzen Mercedes, und seiner Gattin sieht man ihre fünfzig Jahre keineswegs an, dafür ihren stil-sicheren Geschmack.

Frau W. gäbe es ja niemals zu, aber bei den Vorberei-tungen hat sie ganz besonders das Ehepaar K. im Sinn. Sie backt aus dem Rezeptbuch «Köstlichkeiten für Gäste – leicht gemacht» die Blätterteigpastetchen mit Trüffelfüllung und Preiselbeerschaum. Herr W. holt im Supermarkt Rosé und Weisswein. Die Kinder falten Servietten und der Hund muss ein Bad nehmen. Staubsaugen, Staubwischen, Bad putzen, Aufräumen ... Himmel, was das alles zu tun gibt! Es ist Samstag, kurz vor ein Uhr, und Frau W. muss noch das neue Kleid anziehen und ihr Make-up auffrischen. Die Stimmung ist gereizt und die Kinderzimmer sehen überhaupt nicht vorzeigbar aus. All die Legos, die schmutzige Wäsche und die Stösse von Zeichenpapier müssen verschwinden, aber subito, sagt Frau W. mit strenger Stimme. Ein Hoch auf das neue Bügelzimmer, das bereitwillig all die Unordnung aufnimmt.

Es ist 13.59 Uhr, die ersten Gäste klingeln. Staunend und bisweilen etwas neidvoll bewundern die Freunde und Verwandten die moderne Wohnküche. Die Kinder führen ihre Zimmer vor, das Badezimmer glänzt vor Sauberkeit, die Gläser klingen, die Pastetchen finden grossen Anklang. Nur dass der Hund sich eins schnappt und ihm davon schlecht wird, ist eine kleine Panne. Das Ehepaar K. ist galant und sehr angenehm im Umgang, gar nicht etwa hochnäsig. Frau W. atmet auf. «Die erste Tür rechts», sagt sie lächelnd, als Frau K. diskret nach dem stillen Örtchen fragt. «Hast du denn nicht abgeschlossen», zischt sie ihrem Sohn zu, als die Direktorengattin die falsche Tür erwischt und sichtlich verblüfft auf Legohaufen, zerknüllte Papiere und schmutzige Unterwäsche starrt. Frau W. würde am liebsten im frisch gewachsten Parkett versinken. Aber als Frau K. schliesslich aus der richtigen Tür auftaucht, lächelt sie, amüsiert, aber durchaus nicht boshaft. «Ein Haus sauber halten, während man Kinder grosszieht, ist wie Schnee schaufeln, während es schneit», raunt sie Frau W. zu. Und die beiden Damen plaudern ein wenig, über Kinderkrankheiten und Menüpläne, Berufstätigkeit und Gartenarbeit, Bücher und Konzerte. Das war einer der offensten Tage der offenen Tür, die ich bisher erlebt habe, denkt Frau W., als sich schliesslich alle verabschiedet haben. Und zugegeben, da war sie auch schon ein wenig beschwipst vom Rosé.

Wir sehnen uns nach euch, und wir möchten euch teilhaben lassen, nicht nur am Evangelium Gottes, sondern auch an unserem eigenen Leben; denn ihr seid uns lieb geworden.
Paulus in 1. Thessalonicher 2,8

SEI WÄHLERISCH!

Liebe Leserin, lieber Leser, vielleicht haben Sie auch schon im Supermarkt Leute beobachtet, die verstohlen an einer Nektarine herumdrückten zwecks Überprüfung der Fruchtfleischqualität. (Ich nehme an, Sie selbst tun so etwas nicht.) Natürlich denke ich, dass man nicht an fremden Nektarinen herumdrücken sollte, zumal man sie vielleicht nicht gekauft zurücklässt. Trotzdem nötigt mir dieses Verhalten einen gewissen Respekt ab. Schau an, denke ich mir, während ich verstohlen zusehe, wie die Nektarine befingert wird, dieser Person ist es nicht egal, was sie kauft. Sie legt Wert auf beste Fruchtfleischqualität und legt sich nicht mir nichts dir nichts eine Nektarine in den Einkaufskorb. Ich habe einen wählerischen Menschen vor mir.

Und was ist mit Ihnen, liebe Leserin, lieber Leser, sind Sie wählerisch? Brauchen Sie, beispielsweise, länger als zwanzig Minuten, vom Moment an, da Sie eine Speisekarte in die Hand gedrückt bekommen, bis zum Augenblick, wenn Sie den Ober rufen?

Halten Sie Kleider vor dem Kauf ans Tageslicht und prüfen das Gewebe?

Holen Sie verschiedene Expertengutachten im Freundeskreis ein, bevor Sie eine grössere Anschaffung wagen?

Oder ist Ihnen das alles viel zu kompliziert, und Sie kaufen, essen, lesen und glauben das Erstbeste, was Ihnen begegnet?

Ich gebe zu – in manchen Lebensbereichen ist es wichtiger, wählerisch zu sein als in anderen. Und natürlich ist es ein kleiner Luxus: Wer wählerisch ist, muss es sich leisten

können. Qualitätsbewusstsein braucht ein vernünftiges Angebot und die nötigen Mittel.

Haben Sie hingegen gewusst, dass Wählerisch-Sein eine biblische Tugend ist? «Prüfet alles und das Gute behaltet», rät der Apostel Paulus. Das hat nichts mit ängstlichem Herumfingern und misstrauischem Befühlen alles Fremden zu tun. Es bedeutet Qualitätsbewusstsein. Sei wählerisch!, ruft mir dieser Satz zu. Sei grundsätzlich offen für alles und gib allem eine faire Chance: neuen Produkten, Ideen und Ansichten. Aber prüfe nach, ob es den guten Qualitätsstandards von Gott standhält. Behalte nur, was «gut» ist, was nach Liebe, nach Hoffnung und nach Vertrauen riecht – das andere lass liegen.

Neulich zum Beispiel habe ich eine neue Autorin entdeckt: einen Knüller von einem Buch, knisternd vor Spannung und sprachlich brillant. Ich schleiche in jeder freien Minute zu meiner Lektüre und lasse mich neu in ihren Bann ziehen. Aber irgendetwas gefällt mir nicht. Ist es die Grobheit der Schilderungen? Die leise Menschenverachtung? Schwer zu sagen. Aber etwas Süsslich-Giftiges kommt mir entgegen, Knüller hin oder her. Jedenfalls merke ich: Das Buch ist gut, enthält aber nicht «das Gute», das ich suche. Was nun? Will ich wirklich die anderen fünf Bücher der gleichen Autorin auch lesen. Nein, lieber nicht. Denn: Ich möchte wählerisch sein. Ich möchte nicht jeden Film sehen, nicht jedes Buch lesen. Ich möchte nicht jedem Gerücht Glauben schenken und nicht jedes Vorurteil weitertragen. Ich möchte qualitätsbewusst leben und das prüfen, was ich an mich heranlasse. Und dabei denke ich nun nicht primär an Nektarinen, falls Ihnen schon der Verdacht kam, dass ich vielleicht diese Frau war, die neulich verstohlen ... Ich denke primär an geistige und geistliche Einflüsse.

Ach ja, das wollte ich noch sagen: Ich kann es mir leisten, wählerisch zu sein – das Angebot an wahrhaft Gutem, das Gott bereithält in Schöpfung, Kultur und anderen Menschen, ist gross genug.

Prüft aber alles, das Gute behaltet!
Paulus in 1. Thessalonicher 5,21

FRAU W.s GROSSE VERWANDLUNG

Gebannt liest Frau W. in ihrem Lieblingsmagazin den Bericht über eine Frau, die sich völlig neu stylen liess. Neue Garderobe, neue Frisur, professionelles Make-up. Aus einer etwas unscheinbaren, blässlichen Mittvierzigerin wurde eine strahlende, pfiffige und schöne Frau. Es ist kaum zu glauben, was die richtigen Farben und eine gute Frisur bewirken können. Nur dass die verwandelte Person noch etwas verlegen lächelt auf dem «Nachher»-Bild. Frau W. schaut kritisch in den Spiegel und beschliesst, etwas zu unternehmen.

Am Donnerstag geht Frau W. zum Coiffeur und lässt sich mutig eine ganz neue Frisur machen. Sie kauft einen Schal, der ihr gut zu Gesicht steht. Und zwei kleine perlmuttfarbene Ohrringe. Schwungvoll kommt sie abends zur Tür herein. Weil die Reaktionen ausbleiben, hilft sie Mann und Sohn etwas auf die Spur: «Fällt euch etwas auf?» Die beiden schauen sie konsterniert an. «Du hast heute meinen Energy-Drink nicht vergessen», meint der Sohn. «Du hast das erste Mal seit zwei Wochen nicht über deine neue Kollegin geschimpft, als du zur Tür reinkamst», meint ihr Mann. «Männer!», schnaubt Frau W. und stürzt sich wütend in den Keller. Als sie mit dem Mineralwasser zurückkommt, sind die beiden immer noch ratlos. «Du hast ja gar keine Angst mehr vor Spinnen, wenn du in den Keller gehst, Mami», schlägt der Sohn vor. «Hmmm ... das ist allerdings schon länger so.» Endlich gerät etwas in Herrn W.s Gehirnwindungen in Bewegung: «Du warst beim Coiffeur?» Aber nun ist alles zu spät.

Abends denkt Frau W. über ihre Verwandlung nach. So einfach ist es nicht, den Unterschied zwischen «Vorher» und «Nachher» sichtbar zu machen, denkt sie. Nicht mal bei einem Styling. Vielleicht müsste sie einfach diesen Profi aus dem Magazin engagieren. Vielleicht lässt sie es auch bleiben.

Frau W. schaut zum Nachbarhaus. In den Fenstern spiegelt sich das Licht der Abendsonne. Ein Spiel von Lichtreflexen. Sie denkt daran, dass sie sich tatsächlich fast nicht mehr erinnern kann an ihre panische Angst vor Spinnen. Und sie wundert sich, dass sie heute ein so gutes Gespräch hatte mit der neuen Kollegin. Und da ist noch so vieles. Kleines und Grosses. Verblüffende Verwandlungen und kleine Veränderungen. Schritt für Schritt. Bis am Ziel alles nochmals ganz neu wird.

Die Abendsonne strahlt nun direkt in das Fenster gegenüber und es flammt auf in einem goldenen, blendenden Schein, als ob es selbst zu einem Feuerball geworden wäre. Als ob die Sonne es völlig in ihr Bild verwandelt hätte.

Wir alle aber schauen mit aufgedecktem Antlitz die Herrlichkeit des Herrn wie in einem Spiegel und werden so verwandelt in die Gestalt, die er schon hat, von Herrlichkeit zu Herrlichkeit, wie der Herr des Geistes es wirkt.

Paulus in 2. Korinther 3,18